# Het Grote Weetjesboek over de bosmarmot

## Lieve Snellings

# Het Grote Weetjesboek over de bosmarmot

**Lieve Snellings**

Wil je meer weten over de bosmarmot? Dan is dit weetjesboek iets voor jou! Margot de bosmarmot vertelt ons alles.
Ze beschrijft hoe bosmarmotten eruit zien en wie hun familie is, wat ze eten en drinken, hoe ze geboren worden. Ze vertelt hoe ze in de zomer en de herfst hun buikje rond eten om vet op te slaan voor de lange wintermaanden. De winterslaap van de bosmarmot is zo interessant dat dokters zich erover buigen! Ontdek waarom in dit prachtige weetjesboek.

**Met speciale dank aan:**

*Kristie en Stella Nkenné Conings*
*Veerle Van Der Linden*
*Monique Trempe*
*Dominiq Nkenné*
*Nani Sneyers*
*Siele Opdebeeck*
*Johanna Pas*
*Ann Fayt*

© Lieve Snellings, 2015
Auteur & illustraties: Lieve Snellings
Vertelster: Margot de Bosmarmot
ASIN: B013GUFDPC
ISBN-13: 978-1517303037
ISBN-10: 1517303036

Dit boek kreeg voor de Engelse vertaling volgende Book Awards:

'Wacht! Nog niet vertrekken, Serafine moet
nog een brief ophalen voor Quebec.'

*sneeuwganzen

'Margot, Margot... Ik heb post voor jou!' riep Serafine de postbode naar Margot de bosmarmot.

'Deze brief was per ongeluk in het hoge noorden terechtgekomen. En omdat Quebec toch op onze route naar het zuiden lag, heb ik beloofd hem zelf naar jou te brengen.'

Een brief... Wat leuk! Die is zeker van Marie en Lowieske*. Nu begrijp ik waarom ik niets van ze hoorde.

* zie boekje: 'MARGOT KRIJGT ONVERWACHT BEZOEK'

5

Lummen, 25 juni

Liefste Margot

Wij zijn goed thuis gekomen van onze reis naar Château-Richer. Wij denken veel aan die mooie dagen dat we samen waren.

We waren superblij met jouw brief. Je plan is geweldig! Ja, schrijf snel je boek over het 'wel en wee van de bosmarmot'. Wij willen het al bestellen! Als het klaar is, stuur je het dan op? Hier wil iedereen aan wie we over onze vakantie in Quebec vertelden meer over jou weten.

Dikke kus en tot schrijfs,
Marie

Marie

LOWIESKE

En ik die dacht dat ze mij al vergeten waren! Nee dus.
Integendeel, ze willen meer over mij en de bosmarmot
in het algemeen te weten komen. O, door deze brief
heb ik meteen zin om te
beginnen schrijven.

Er bestaan veertien
verschillende soorten
marmotten in de wereld.
We lijken allemaal op elkaar,
maar in tegenstelling tot de
andere soorten is de bosmarmot
een solitair dier. Dat wil zeggen
dat we graag alleen zijn.

Ik ben Margot, een bosmarmot.

Alle marmotten wonen op het noordelijk halfrond. Wij, bosmarmotten, leven in Noord-Amerika.

Zelf woon ik in een veld in Château-Richer, vlak bij de rivier Saint-Laurent en de mooie stad Quebec.

Wij zijn knaagdieren.
We malen ons
voedsel door onze
onderkaak van
voren naar
achteren te
bewegen. (Een
konijn, dat
geen knaagdier
is al heeft het
grote voortanden,
doet dat zijwaarts.)
Wij houden ons
eten bovendien
vast met onze
handige voorpoten.
(Ook dat doet een
konijn niet.)

Wij zijn enkel overdag actief, voornamelijk in de vroege ochtend en namiddag. Per dag verorberen we een halve kilo eten. Dat is veel knaag- en verteerwerk. Wij eten vooral groene planten, zoals gras, klavertjes, luzerne en weegbree. Dat vullen we aan met zaden en vruchten, zoals bessen. We lusten ook wortelen en maïs. Dat zijn landbouwgewassen en daarom zien de boeren ons liever gaan dan komen. Ze zeggen dat we niet alleen hun gewassen opeten, maar met onze gangen ook veel schade aanrichten aan hun akkers.

Wij hebben twee paar snijtanden, die zijn wit en scherp.

Wij zijn planteneters maar af en
toe hebben wij goesting in
sprinkhanen en andere
ongewervelde dieren, zoals
slakken, rupsen of insecten.

Sporadisch eten we
ook wel eens de
eieren op van
vogels die op de
grond
broeden.
Waren ze maar
niet zo lekker!

11

Het natrium dat in de winter in het strooizout zit, vinden wij een echte lekkernij. De sneeuwruimer duwt alle sneeuw naar de kant van de weg. Daar blijft het natrium liggen, ook als de sneeuw al gesmolten is. We zijn er net zo verzot op als jullie op ijsjes. Vaak zie je dus bosmarmotten aan de kant van de weg zitten om ervan te smullen. Maar dat is natuurlijk gevaarlijk! Velen van ons worden op die manier aangereden door auto's...

Naast auto's vormen mensen, vossen en andere roofdieren het grootste gevaar voor bosmarmotten. De meeste slachtoffers vallen in de kindertijd. Jongvolwassenen kunnen meestal aan de roofdieren ontsnappen.

Zoals alle levende
wezens hebben
wij natuurlijk ook
water nodig. Dat
drinken we niet
dikwijls uit een
waterbron, maar
we halen het uit
planten en uit de dauw
die 's morgens op het
gras en de bladeren ligt.

In het begin van de lente
eten we sneeuw.

13

Onze vacht heeft een grijzig bruine kleur. Elke haar is grijs aan de onderkant, zwart in het midden en wit aan het uiteinde. Onze buik en pootjes zijn dan weer oranjeachtig bruin. Het bont van de marmot wordt ook 'murmel' genoemd. Dat mag je zeker niet verwarren met het woord 'mormel'! Want dat betekent: lelijk schepsel, misbaksel, scharminkel of wangedrocht. En dat zijn wij natuurlijk NIET!

14

Bij nakend gevaar proberen we altijd
een gevecht te ontlopen door snel
naar onze holingang te spurten,
maar dat lukt niet altijd.

Indien nodig verdedigen we
ons met hand en tand. Als wij
bang zijn, krommen we onze rug.
De haren van onze staart gaan rechtop staan, zodat die
eruitziet als een stekelige haarborstel. We zwiepen met onze
stijf rechtopstaande staart en klapperen met onze tanden.

Wij maken ook een schel fluitgeluid. Dat is om de anderen
te verwittigen. Daarom noemen ze ons in Quebec *siffleux*
(fluiter), en de Engelstaligen noemen ons *whistle-pig* (fluitend
varken).

Ik word net onderbroken door een buurman die komt aangelopen. 'Margot... zou je heel onze familie de Sciuridae niet voorstellen voordat je verder gaat?'

Hij heeft natuurlijk gelijk.
Ik zal jullie er meer over vertellen.

De wetenschappelijke naam voor bosmarmot is *Marmota Monax*. De Engelstaligen noemen ons *groundhog* en de Franstaligen *marmotte commune*. We zijn een subgroep van de marmotten, die behoort tot het geslacht van de eekhoorns, namelijk de *Sciuridae* (spreek uit: ski-uridaaj). Ja, je mag het echt geloven! De bosmarmot is werkelijk familie van de eekhoorn, de kleine aardeekhoorn en de prairiehonden (maar die wonen een stuk verderop).

Ik zal mijn verre achter-achter-achter- nichten en -neven die hier in Quebec wonen, vragen om zelf een woordje uitleg te geven.

17

'Ik ben Fiston, de kleinste Sciuridae. Hier kent iedereen mij onder de naam *le petite suisse* (de kleine Zwitser). Dit is omdat de eerste Franse kolonisten die mij hier zagen, spontaan moesten denken aan de gestreepte outfit van de Zwitserse garde van het Vaticaan.

Een volwassen chipmunk (zo noemen de Engelstaligen ons) of Tamias (onze officiële naam) weegt 35 tot 53 gr en meet 10 tot 13 cm. Onze staart wordt 8 tot 10 cm lang'.

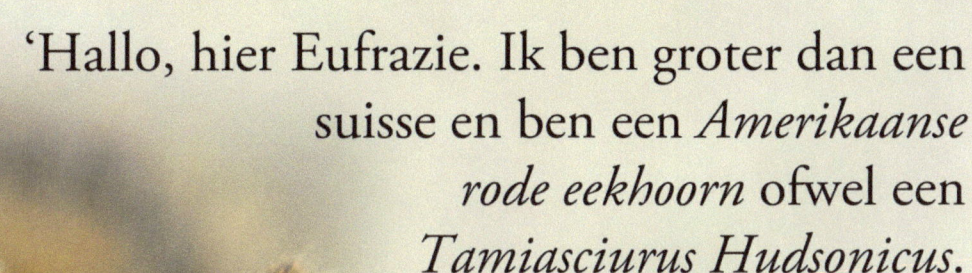

'Hallo, hier Eufrazie. Ik ben groter dan een suisse en ben een *Amerikaanse rode eekhoorn* ofwel een *Tamiasciurus Hudsonicus*. Een volwassen rode eekhoorn weegt 200 tot 250 gr en meet 28 tot 35 cm (onze staart inbegrepen, die 10 tot 15 cm lang is).

Wij hebben een roodachtige vacht en een witte onderbuik. In de zomer worden die van elkaar gescheiden door een zwarte streep.'

'Ik ben Philomène. Ik behoor tot de *Oostelijke Grijze Eekhoorns* of de *Sciurus Carolinensis*.

Twee keer per jaar veranderen wij van jas, zo hebben we een zomervacht en een wintervacht. Onze staart verandert slechts één keer per jaar, in juli. Als het regent, rollen wij die staart open boven ons hoofd als een paraplu. Zo blijven we droog tijdens het eten. En om ons 's nachts warm te houden, draaien wij onze staart als een dekentje om ons heen, dat is lekker warm.'

'Ik ben Germaine, de zwarte versie van Philomène. Door de grote hoeveelheid melanine* in onze zwarte vacht verliezen we minder lichaamswarmte dan eekhoorns met een lichtere kleur. Ja, er bestaan ook albino's onder de grijze eekhoorns, die zijn dan weer helemaal wit. De grijze eekhoorn is de grootste inheemse boomeekhoorn in het oosten van de Verenigde Staten en Canada.'

* Melanine is een organisch pigment in de huid. Een pigment is een stof die een kleur weerspiegelt.

Germaine
de
acrobate

De grijze eekhoorn
meet 45 tot 65 cm,
daarin zit natuurlijk ook
zijn staart, die zo'n 20 cm
lang is. Die werkt als evenwicht-
houder zodat ze fantastische
sprongen kunnen maken.

'Met onze staart geven we
ook signalen aan andere
eekhoorns.
Waneer wij volwassen zijn,
wegen we 450 tot 800 gr en
kunnen we een snelheid van
25 km per uur halen.'

Je ziet, er is een grote diversiteit in onze familie. Nu is het weer tijd om het over mezelf te hebben. Wij bergmarmotten bewegen ons liever op en onder de grond.

Maar pas op, wij kunnen ook in bomen klimmen, hoor. En we zwemmen als de besten.We mogen dan wat logger en zwaarder zijn dan alle anderen uit het geslacht van de Sciuridae, dankzij onze sterke voorpoten halen wij toch ook snelheden van 15 tot 17 km per uur.

23

Wij zijn
verspreid over
heel Noord-Amerika
en we zijn het grootste
gravende zoogdier in het
oosten van Noord-Amerika.

Van alle knaagdieren hier zijn alleen de bevers en
stekelvarkens groter dan wij.

Wij meten 40 tot 65 cm, onze korte, bossige staart van
7,5 tot 15 cm meegerekend.

De bosmarmot heeft een ronde kop en kleine korte oren. Ons neusveld is wit, onze mond en neus zijn zwart. Wij hebben zwarte ogen en ons gezichtsveld is extreem wijd, wel 300 graden. Dat van mensen is 140 graden.

Onze sterke achterpoten zijn zwart en
hebben vijf tenen met klauwen.
De onderkant van de voet
is naakt en heeft
zes kussentjes

Onze
achtervoeten
hebben een
lengte van
7,5 tot 10 cm.
Daarom
kunnen we
gemakkelijk
rechtop staan.
Dat doen we nogal vaak
om onze omgeving in het oog te houden.

Onze korte maar stevige voorpoten hebben maar vier vingers. Gelukkig hebben die wel goed ontwikkelde klauwen. Die hebben we nodig om makkelijk te kunnen graven. Door die robuuste voorpoten kunnen wij op enkele dagen tijd tot 250 kg grond verplaatsen en een gangencomplex van zes tot tien meter bouwen. De hoofdingang is ongeveer 30 cm breed. De slaapkamer is ruwweg 50 cm breed en 30 cm hoog.

We maken minstens één hoofdgang. Die kan je herkennen
aan de grond uitgegraven voor
de uitgang. Bij de vele
zijgangen zie je dat niet.
Die dienen om te
ontsnappen bij

gevaar, maar worden ook gebruikt als verbinding
tussen verschillende eetvelden. De slaapkamer in ons
bouwwerk heeft eigenlijk drie functies: rusten, overwinteren
en het opvoeden van onze kleintjes in de lente.

Naast de slaapkamer voorzien we een extra
kamer, een wc, voor onze uitwerpselen.

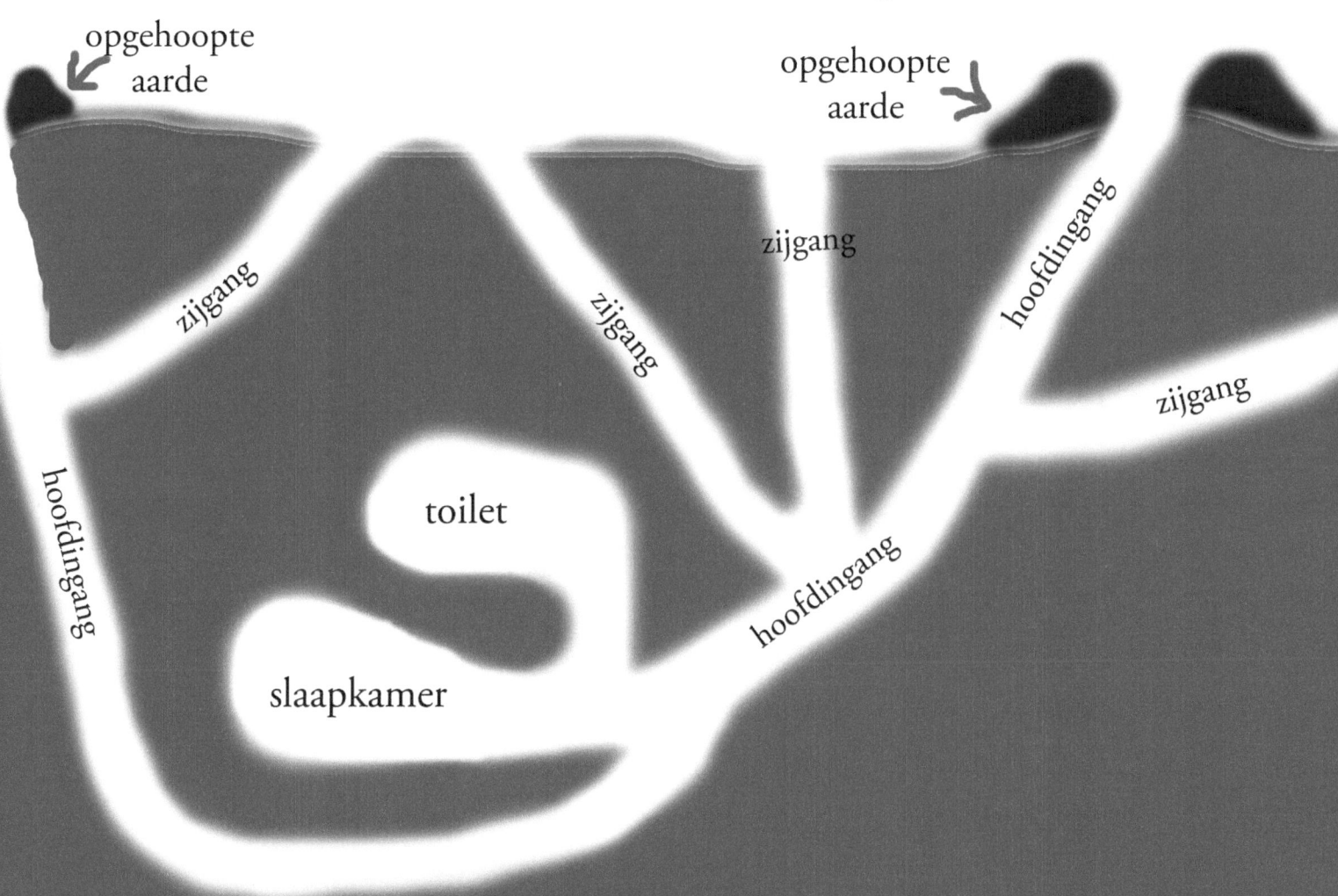

Elke bosmarmot maakt zijn eigen gangenstructuur.
Al onze huisjes zijn dus anders.

Ons winterhol ligt in een bosrijk gebied in het noorden van ons domein. In de zomer verhuizen we naar het zuiden en naar meer open gebied. Onze zomerholen graven we niet zo diep, maar we maken meer zijgangen, zodat we gemakkelijk weg kunnen bij gevaar.

Meestal keren we na de zomer terug naar ons vorige winterhol. Maar als ons hol verlaten is, wordt het ook wel als schuilplaats gebruikt door andere soorten pelsdieren zoals ratten, muizen, stinkdieren en wasberen.
En héél soms kom je er een kabouter tegen!

Tegen het einde van de zomer eten wij ons letterlijk dik.

De twee tot vier kilo die we normaal wegen, worden er dan zes tot zeven. We hebben die dikke vetlaag nodig om genoeg reserve te hebben voor de lange koude wintermaanden.

Bij de eerste vrieskou in september beginnen we ons winter-
verblijf te graven. Omwille van de kou
maken we deze ruimte dieper dan
ons zomerhuis. We gaan tot
ongeveer anderhalve meter
diepte, wat laag genoeg is om
onder de vrieslaag te blijven.
Dan sluiten we onze gangen
van binnenuit af met aarde
en grassen. Zo kunnen
we ons beter beschermen
tegen de kou.

Elk jaar hopen we op een
dikke sneeuwlaag die ons
huis extra zal isoleren.

Wij hebben de diepste winterslaap. Noch de beer, noch de das slapen zo intens.

Om zo weinig mogelijk warmte verloren te laten gaan, rollen we ons op tot een bolletje. En zo beginnen wij aan onze winterslaap die meer dan vijf maanden duurt.

Op dat moment vertragen al onze vitale functies, zodat we slechts een minimum aan calorieën verbruiken. Onze hartslag wordt afgeremd tot vijf maal per minuut in plaats van tachtig keer, zoals tijdens onze wakkere periode. Onze temperatuur daalt tot 3°C, en onze ademhaling vermindert van veertig keer tot twee keer per minuut.

Dokters zijn erg
geïnteresseerd
in wat er met ons
marmottenlichaam
gebeurt tijdens de
winterslaap. Het
verwondert hen hoe we onze
lichaamstemperatuur, onze
hartslag en onze ademhaling zo
kunnen verlagen.

Als deze dokters, zelfs voor een
korte periode, hetzelfde konden
laten gebeuren bij mensen,
dan zou dat een spectaculaire
verbetering voor de gezond-
heidszorg kunnen betekenen.
Sommige operaties en andere
medische behandelingen zouden
dan zonder verdoving kunnen. Ze
blijven onderzoeken hoe we het doen.

Wij slapen
niet aan één
stuk door in
de winter.
Ongeveer om
de drie weken, of
als de temperatuur in ons
hol het vriespunt nadert, worden
we wakker voor een kakje en
een plasje. Ons metabolisme wordt dan even
terug verhoogd. En zo worden onze vetreserves
in grote hoeveelheden aangesproken. Vandaar
dat lange periodes met weinig sneeuw dodelijk
voor ons zijn. Want tijdens deze tussendoortjes
gebruiken wij tot 90 % van onze energie. Het is dan ook
niet te verwonderen dat we tegen de lente de helft van ons
gewicht kwijt zijn.

Na al die tijd in het donker is het toch fijn om in de lente terug licht te zien. En een waar genot om de zon op mijn pels te voelen!

Als we in de lente wakker worden, is het voedsel nog schaars. Ook daarvoor hebben we dat extra lichaamsvet nodig.

Ons terrein is ongeveer 0,3 tot 4 hectare groot (tot zes voetbalvelden dus). En dat van een mannetje overlapt vaak dat van een of meer vrouwtjes.

De paartijd begint meteen na de winterslaap. Dat is de enige korte periode dat we niet alleen slapen.

Wij hebben één zwangerschap per jaar. Onze draagtijd is 28 tot 32 dagen en meestal hebben we eind april, begin mei een worp van twee tot negen baby bosmarmotjes. Gelukkig heeft de natuur ons voorzien van vier mammae of acht borsten om ze allemaal te voeden.

Babybosmarmotjes zijn kaal en blind bij de geboorte. Ze zijn dan ongeveer 10 cm groot en wegen 30 gram. Na een maand doen zij hun oogjes open, beginnen ze rond te

kruipen en krijgen ze korte haartjes als vacht. Daarna groeien zij heel snel. Na zes weken wegen ze al 600 gr en gaan ze voor het eerst naar buiten om voorzichtig het gebied te verkennen.

Alleen mama zorgt voor de marmottenkinderen.

Na drie maanden, en ten laatste na de volgende lente, zijn de bosmarmottenbaby's te groot geworden en moeten ze de deur uit.

Een bosmarmot is na één jaar volgroeid en kan vanaf dan zelf kinderen baren. Maar meestal wachten zij hiermee tot ze twee jaar geworden zijn.

* De tanden van alle knaagdieren blijven groeien, maar de ondertanden van dit bosmarmotje staan scheef . Dat is een probleem want daardoor kunnen die tanden niet afgeslepen worden.

## Dag van de bosmarmot: legende of realiteit?

Voor veel Noord-Amerikanen is 2 februari *Groundhog Day* of de *Dag van de Bosmarmot*. Een oude populaire overlevering zegt dat als Phil (USA) of Fred (Quebec), de bosmarmot, uit zijn winterslaap komt en zijn eigen schaduw ziet, hij zondanig schrikt dat hij snel terug gaat slapen, omdat hij dit als een voorteken voor slecht weer ervaart. Spot hij zijn schaduw niet, dan zal het volgens hem snel lente worden.

Nu is iedereen ervan overtuigd dat dit een oude legende is, waarschijnlijk bedacht door de eerste kolonisten die hunkerden naar de lente. Op het *Oude Continent*, in Europa, werd 2 februari gevierd als het moment dat de dagen weer beginnen te lengen. Het is een dag van hoop op nieuw leven en wedergeboorte. Maar in Quebec ligt in februari nog overal sneeuw en bosmarmotten komen zelden vroeger dan maart (in het noorden zelfs nog later) uit hun winterslaap. In elk geval is het een mooi verhaal voor de lange koude winteravonden.

Je zou ons héél gelukig maken mocht
je een (kort) comentaar nalaten!
Zo kunnen meer mensen ons boek vinden.
https://books2read.com/u/baplAx

Toedeloe!
Tot de volgende keer!

Margot en Lieve

43

# Margot de bosmarmot en haar eekhoornfamilie in Noord-Amerika - Boek 3

## 'Margot krijgt onverwacht bezoek'

Asin: B012LFR1E4
ISBN: 978-1517308261

Amazon Duitsland (site kan ook in het Nederlands): https://www.amazon.de/dp/B012LFR1E4
Universele link vor e-book: https://books2read.com/u/4ED7de

'Een mooi verhaaltje over 'anders' zijn. De foto's en het verhaal zijn zowel verbluffend als humoristisch.' - **Rich Linville**

'De fotografie is geweldig en Lieve Snellings levert een enorme prestatie door enkele delicate sociale kwesties aan te snijden terwijl het verhaal geschikt blijft voor kinderen. Margot de bosmarmot zou een personage moeten zijn in een kinderprogramma op tv.' – **Larry Singleton**

'Dit boek was fantastisch om met het hele gezin te lezen! Van de verbluffende fotografie tot het innemende onderwerp, dit is er een dat ik nog jaren aan mijn kinderen zal voorlezen!' – **Paige Clendenin**

BookGoSocial Top Voted Children's Author 2017
Finalist Readers' Favorite 2019 (kinderboeken - dieren)

# Margot de bosmarmot en haar eekhoornfamilie in Noord-Amerika - Boek 3

## 'Margot moet gaan slapen'

Asin; B07X9VSX34
ISBN: 9781089122517
Onafhankelijke publicatie

**Ze weent en vraagt zich af hoe ze de volgende winter kan overleven.
Gelukkig heeft ze vrienden!**
Margot is verdrietig omdat ze aan haar winterslaap moet beginnen. Dat is wel erg ongewoon! Haar vriendjes helpen haar te zoeken hoe dat komt en samen proberen ze een oplossing te vinden. En ja hoor, Margot kan met een glimlach gaan slapen. Benieuwd?

'Hoe een onbekend dier sterallures krijgt voor kinderen.'
**Relinde Baeten**

'Een warm verhaal, geschreven door een warm mens: Lieve Snellings. Met mooie, creatieve dierenfoto's vanuit een wereld waar dieren kunnen praten en af en toe een traantje laten.' - **Geert Weggen,** Nederlands-Zweeds internationaal top fotograaf en winnaar van de Comedy Wildlife Photography Awards 2018.

'Un bouquet de fraîcheur! (Een verfrissend boeket!) Een verhaal dat kinderen en hun ouders naar dromenland zal vervoeren. Een warme aanbeveling voor natuurliefhebbers.'
**Christian Chevalier**, regisseur -fotograaf, Québec.